# Inhalt

## Supply Chain Controlling - Lieferketten mithilfe von Kennzahlen optimieren

Kernthesen

Beitrag

Fallbeispiele

Weiterführende Literatur

Impressum

GENIOS WirtschaftsWissen Nr. 11/2006 vom 07.11.2006

# Supply Chain Controlling - Lieferketten mithilfe von Kennzahlen optimieren

I. Zeilhofer-Ficker

## Kernthesen

- Standardisiertes Supply Chain Controlling wird erst in wenigen Unternehmen durchgeführt.
- Neben Kosteneinsparungen sind durch innovative Controlling-Methoden Prozessverbesserungen und Risikominimierungen zu erreichen.
- Für ein modernes Supply Chain

Management ist adäquates Controlling unverzichtbar.
- Controllinginstrumente wie Prozesskostenrechnung und Balanced Score Card (BSC) sind auch für das Supply Chain Management gut geeignet.

# Beitrag

Was man nicht messen kann, kann man nicht managen lautet eine der wichtigsten Controlling-Erkentnisse. Obwohl dies sicher auch für das Managen von Lieferketten gilt, ist das standardisierte Supply Chain Controlling erst in wenigen Firmen etabliert.

# Supply Chain Management beinhaltet Controlling

Erfolgreiches Supply Chain Management ohne Elemente des Controllings ist schlicht unmöglich. Informationen über Wareneingänge, Bestandsdaten, Produktionsleistung, Lieferantenbewertung, Liefertreue und vieles mehr sind daher in jedem Unternehmen vorhanden. Trotzdem ist nur selten auf den ersten Blick zu sagen, wie gesund eine Lieferkette tatsächlich ist, wo Schwachstellen und Bottelnecks liegen oder Risiken im Verborgenen lauern. [(1)](), [(2)](), [(3)]()

So geben fast alle Unternehmen an, Supply Chain Controlling zu betreiben, allerdings in sehr unterschiedlichen Ausprägungen. Rund 75 Prozent der Firmen messen die Leistungsfähigkeit ihrer Lieferkette anhand von Kundenzufriedenheitsparametern, 24 Prozent nutzen die Prozesskostenrechnung und nur 20 Prozent greifen auf Balanced Scorecard Methoden zurück. Im Handel und in der Konsumgüterindustrie ist durch den hohen Wettbewerbsdruck ein vergleichsweise großes Bewusstsein für die Notwendigkeit des Controllings der Lieferketten feststellbar. Trotzdem wird auch hier bemängelt, dass die vorhandenen Daten in schlechter Qualität verfügbar sind und nur sehr aufwändig zu aussagekräftigen Informationen verarbeitet werden können. [(4)](), [(5)]()

Strategisches, durchgängiges, innovative Methoden nutzendes Controlling der Lieferketten kann dabei nicht nur zur Kosteneinsparung beitragen (die Logistikkosten können um bis zu zehn Prozent gesenkt werden), sondern auch akute Probleme, potenzielle Risiken und mögliche Verbesserungen aufzeigen. Nur wenn alle Prozesse, Kosten und eventuelle Risiken bekannt sind, können Lieferketten aktiv gesteuert und beherrscht werden. [(3)](), [(6)]()

# Bereiche des Supply Chain Controllings

Wichtigstes Werkzeug jedes Controllings sind Kennzahlen. Auch für das Supply Chain Controlling sind aussagekräftige Schlüsselkennzahlen notwendig, damit die Leistungsfähigkeit der Lieferkette beurteilt werden kann. Viele Daten sind in den diversen ERP-Systemen vorhanden, müssen aber erst zusammengeführt und verdichtet werden. Andere Informationen wie beispielsweise Prozessablauf und Dauer oder Lieferanten-Risikobeurteilung müssen erst erhoben werden. Welche Indikatoren für ein Unternehmen von besonderer Bedeutung sind, ist individuell festzulegen. Unternehmensziele und Strategien sowie die Situation am Markt sind hier von Bedeutung. (1), (2), (3), (7)

Das Controlling der Lieferketten sollte bei den Lieferanten beginnen.
Lieferantenbeurteilungssysteme gibt es bereits in vielen Firmen, zumindest aber sollten in jedem Unternehmen Daten über Liefertreue, Fehlteile, Falschlieferungen und Retouren verfügbar sein. Außerdem sollte man sich bei Vertragsabschluss auf Zielwerte der wichtigsten Leistungskennzahlen

einigen und diese vertraglich festhalten. Für strategisch wichtige Lieferanten ist die Erstellung eines Risikoprofils anzuraten, das kontinuierlich auf dem Laufenden gehalten wird. [(8)](), [(9)](), [(10)]()

Alle relevanten Prozesse innerhalb des Unternehmens sollten dokumentiert und bewertet werden. Es sollte klar ersichtlich sein, wie die Abläufe im Wareneingang, der Produktionslogistik, der Fertigung, der Lagerhaltung und im Warenausgang erfolgen und welche Prozesskosten durch Standardprozesse und Ausnahmen entstehen. Nur so sind Engpässe und Kostentreiber zu ermitteln und es können Maßnahmen zu deren Beseitigung ergriffen werden. Selbstverständlich sind die Bereiche Versand und Transport zum Kunden mit zu erfassen. [(1)](), [(2)](), [(3)]()

Die Key Performance Indicators (KPI), also die Schlüsselkennzahlen sollten kontinuierlich überwacht und ausgewertet werden. Für jede KPI sind basierend auf den strategischen Unternehmenszielen Soll- oder Zielwerte festzulegen. Bei Unterschreitungen dieser Werte sind die Ursachen zu ermitteln. Identifizierte Schwachstellen oder Probleme müssen bearbeitet und gelöst werden. Schließlich sind Routinen zu implementieren, die das Vermeiden von Fehlern belohnen und schlanke und effektive Prozesse zum Ziel haben. Der gesamte Controlling-Prozess muss systematisch und regelmäßig gestaltet sein und die ständige Verbesserung der Leistungsfähigkeit der Lieferketten zum Ziel haben. (11), (12)

# Moderne Controlling Instrumente für das Supply Chain Management

## Prozesskostenrechnung

Mit der Prozesskostenrechnung wird analysiert, welche Kosten ein Arbeitsablauf verursacht. Dazu muss im Detail ermittelt werden, welche Aktivitäten zu einem Prozess gehören, wie lange sie dauern und von wem sie durchgeführt werden. Setzt man die entsprechenden Personal- und Maschinenkosten in Relation, so lassen sich die Kosten eines Prozesses ermitteln. Man kann damit beispielsweise feststellen, wie das Kostenverhältnis von Standard- zu Ausnahmeprozessen ist. Da Ausnahmeprozesse immer höhere Kosten verursachen, sollte Ursachenforschung betrieben und Gründe für Sonderfälle so weit wie möglich ausgeschaltet werden. Eine Reduzierung der Gesamtkosten ist das Resultat. Die Prozesskostenrechnung wird zwar für Beschaffungsabläufe schon häufiger verwandt, findet sich aber erst selten in der Beurteilung von Logistikprozessen. (2)

## Balanced Scorecard (BSC)

In der Balanced Scorecard werden alle wichtigen Leistungsparameter ganzheitlich erfasst und in verschiedene Perspektiven unterteilt. Im Zentrum einer Supply Chain BSC steht die Supply Chain Strategie. Von verschiedenen Perspektiven aus versucht man, diese Strategie zu verfolgen. Dazu legt man für jede Perspektiven verschiedene Zielgrößen fest, die regelmäßig mit den tatsächlich erreichten Werten verglichen werden. Korrekturmaßnahmen werden sofern notwendig festgehalten und deren Auswirkungen auf die verschiedene Zielgrößen überprüft. (13), (14)

## Fallbeispiele

Die Metrogruppe ermittelt mithilfe eines eigenen Prozesskosten-Tools (TDABC) welche Handlingkosten für die einzelnen Produkte anfallen.

Mit diesem Werkzeug lassen sich zusätzlich Prozesskosten für neue Produkte schon vor der Markteinführung simulieren. Durch die Prozesskostenzuordnung werden Optimierungspotenziale erkennbar und es lassen sich verschiedene Standorte miteinander vergleichen. (15)

Beim Automobilzulieferer Hirschmann war Ende der neunziger Jahre erkennbar, dass die Lieferkette zu den Kunden nicht mehr reibungslos und zufrieden stellend ablief. In Zusammenarbeit mit der Wassermann AG implementierte man eine Supply-Chain-Management-Software, die half, die notwendige Lieferketten-Transparenz herzustellen. Damit konnte man die Liefertreue wieder auf einen stabilen Wert von über 90 Prozent verbessern. Logistikkennzahlen werden über das Modul wayKPI zur Verfügung gestellt. Das Wassermann Supply Chain Cockpit wayRTS 2.0 ermöglicht ein durchgängiges Supply Chain Controlling in Echtzeit. (16), (17)

Die Firma Brose, Coburg wurde im September 2006 von der ZLU mit dem Preis für das beste Logistikcontrolling ausgezeichnet. In einer Studie mit 52 Unternehmen erreichte Brose in der Gesamtbeurteilung mit einem Logistikcontrolling-Wirkungsgrad von 81 Prozent die erste Stelle. (18), (www.zlu.de).

# Weiterführende Literatur

(1) Modernes ControllingWie Sie Key Performance Indicators (KPI) und Service Level Agreements für das Controlling ihrer Logistik und die Steuerung ihrer Dienstleister nutzen können.
aus Logistik inside, Heft 09/2006, S. 58-60

(2) Vertrauen ist gut...
aus LOGISTIK HEUTE, Heft 10/2006, S. 42-43

(3) Wie gesund ist Ihre Supply Chain?
aus LOGISTIK HEUTE, Heft 9/2006, S. 46-48

(4) Auf dem Prüfstand
aus "Industriemagazin" Nr. 6/06 vom 31.05.2006 Seite: 80

(5) Ohne straffe Führung Opfer der Marktgesetze
aus Lebensmittel Zeitung 21 vom 26.05.2006 Seite 064

(6) O.V., Gefragt: Controlling für Lieferketten, Computerwoche, 15.09.2006, Nr. 37, S. 43
aus Lebensmittel Zeitung 21 vom 26.05.2006 Seite 064

(7) Alternative Methoden zur Reduzierung von Fehler- und Schadensquoten in der Logistik Produktqualität braucht Prozesssicherheit
aus FM Fracht + Materialfluß, Heft 8, 2006, S. 50

(8) - SUPPLY CHAIN MANAGEMENT Risiken erkennen und steuern

aus Elektronikpraxis Nr. 14 vom 21.07.2006 Seite 26

(9) Erfahrungsbericht: Supplier Risk Management bei der T-Mobile (Teil 1) Chancen- und risikoorientierte Lieferantenanalyse
aus BA Beschaffung aktuell, Heft 5, 2006, S. 34

(10) Why KPIs belong in supply chain contracts: for third-party logistics providers and their customers, key performance indicators (KPIs) can form the foundation of a good relationship. The better the KPI, the stronger that foundation. A good KPI is calculable, reasonable, and flexible. And to make sure it's enforceable, write it into the contract.
aus Supply Chain Management Review, United States (SUPCHMAR), 10 (2006) 2 page

(11) Strategien und Best Practices im Supply Chain Management Trends und Herausforderungen
aus Industrie Management, Nr. 3, 2006, 57-60

(12) Value Sourcing als Unternehmensstrategie Neue Werte schaffen
aus BA Beschaffung aktuell, Heft 9, 2006, S. 32

(13) Winkler, Herwig, Konzept und Einsatzmöglichkeiten der Balanced Scorecard in einer Virtuellen Supply Chain Organisation (VISCO), Controlling, Heft 6/2006, S. 291-298
aus BA Beschaffung aktuell, Heft 9, 2006, S. 32

(14) Die Relationship-Scorecard für die Top-

Lieferanten Kooperationsromantik völlig fehl am Platz
aus BA Beschaffung aktuell, Heft 2, 2006, S. 28

(15) Präzises Logistik-Controlling berechnet jeden Warenweg
aus VDI NR. 16 VOM 21.04.2006 SEITE 16

(16) Supply Chain Management bei der Hirschmann Car Communication GmbH verbessert Pünktlichkeit ist mehr als eine Tugend
aus BA Beschaffung aktuell, Heft 9, 2006, S. 28

(17) Alles unter Echtzeit-Kontrolle
aus "a3-volt" Nr. 06/06 vom 01.06.2006 Seite: 119

(18) Mehr Rendite mit Logistik CONTROLLING
aus Impulse vom 01.09.2006, Seite 59

# Impressum

## Supply Chain Controlling - Lieferketten mithilfe von Kennzahlen optimieren

**Bibliografische Information der deutschen Nationalbibliothek**

Die Deutsche Nationalbibliothek verzeichnet diese Publikation in der deutschen Nationalbibliografie; detaillierte bibliografische Daten sind im Internet über http://dnb.d-nb.de abrufbar.

ISBN: 978-3-7379-1064-4

© 2015 GBI-Genios Deutsche Wirtschaftsdatenbank GmbH, Freischützstraße 96, 81927 München, www.genios.de

Alle Rechte vorbehalten. Dieses Werk ist einschließlich aller seiner Teile – z.B. Texte, Tabellen und Grafiken - urheberrechtlich geschützt. Jede Verwertung außerhalb der Grenzen des Urheberrechtsgesetzes bedarf der vorherigen Zustimmung des Verlags. Dies gilt insbesondere auch für auszugsweise Nachdrucke, fotomechanische

Vervielfältigungen (Fotokopie/Mikroskopie), Übersetzungen, Auswertungen durch Datenbanken oder ähnliche Einrichtungen und die Einspeicherung und Verarbeitung in elektronischen Systemen.